# ¿Qué será?

Escrito por Elena Castro, Barbara Flores y Eddie Hernández
Ilustrado por Jim Florez

## CELEBRATION PRESS
Pearson Learning Group

Iván estaba en la parada del autobús.
Luego llegó Pepe con un regalo para Iván.

—¡Feliz cumpleaños! —dijo Pepe.

—¡Gracias! —dijo Iván—. ¿Qué será?

Luego llegó Ceci, la hermanita de Iván, con su carrito. De repente el carrito saltó.

—¿Qué será? —dijo Ceci.

Ceci jaló y jaló, pero nada pasó.

Luego llegó la mamá de Iván con su cámara. De repente la cámara saltó.

—¿Qué será? —dijo la mamá.

Ceci jaló y jaló.
La mamá jaló y jaló, pero nada pasó.

Luego llegó un policía con unas esposas.
De repente las esposas saltaron.

—¿Qué será? —dijo el policía.

Ceci jaló y jaló.
La mamá jaló y jaló.
El policía jaló y jaló, pero nada pasó.

9

Luego llegó un músico con su trompeta.
De repente la trompeta saltó.

—¿Qué será? —dijo el músico.

Ceci jaló y jaló.
La mamá jaló y jaló.
El policía jaló y jaló.
El músico jaló y jaló, pero nada pasó.

11

Luego llegó un bombero con su sombrero.
De repente el sombrero saltó.

—¿Qué será? —dijo el bombero.

Ceci jaló y jaló.
La mamá jaló y jaló.
El policía jaló y jaló.
El músico jaló y jaló.
El bombero jaló y jaló, pero nada pasó.

13

Todos jalaron y jalaron y jalaron y
de repente la caja se rompió en pedazos.

—¡Es el imán de Iván! —gritaron todos.